독송용

반야심경 사경

혜조惠照 편역

운주사

독송용 사경집을 내면서

사경寫經이란 인쇄술이 발달하기 이전에, 특히 석가모니 부처님의 가르침을 널리 전하기 위한 목적으로 다라多羅나무의 껍질에 베껴 쓴 패엽경貝葉經에서부터 비롯되었다고 할 수 있습니다. 이렇게 필사된 경전은 당시 불법을 널리 전하는데 있어 매우 중요한 역할을 담당하였습니다. 더욱이 호흡을 가다듬고 지극한 마음으로 부처님 말씀을 새기는 사경은, 산란한 마음을 청정히 하고 지혜를 개발하는데 절대적으로 필요했던 수행법 가운데 하나였습니다. 그리하여 목판인쇄에 의한 인경印經이 제작된 이후에도, 경전을 붓이나 펜으로 베껴 쓰는 사경의 공덕은 좋은 과보를 받을 수 있는 훌륭한 선업善業의 하나로 인식되어서 지속적으로 성행하였습니다.

모든 중생의 성불을 목적으로 하는 대승경전에 있어서는 사경이 더욱 강조되어, 『도행반야경』에서는 "반야경 사경의 공덕이 탑을 조성하는 것보다 훨씬 더 수승하다"고 설하고 있습니다. 경전에서 말하는 공덕 이외에도, 실제로 가정에서 집안의 어른이 바른 자세로 한 자 한 자 정성껏 사경하는 모습은 자녀들에게 매우 인상적이며 아름답게 보입니다. 즉 집안의 분위기를 안정되고 평온하게 하여 자연스럽게 자녀들의 귀감이 되며, 또한 번뇌에 물든 사사로운 마음이 저절로 사라지고 지혜를 깨우치게 합니다. 그래서 생활이 즐겁고 감사한 마음이 생기게 되며, 복덕이 증장되어 궁핍함을 여의고 행복하게 되는 것입니다.

이렇게 미래의 내세뿐만 아니라 바로 현실에서 좋은 복밭이 되는 사경을 위한 책들이 없지 않지만, 오늘날 사경한 뒤에 영가천도의 목적으로만 태워지는 사경 문화를 조금 바꿔볼 필요를 느끼게 되었습니다. 자기 자신이나 자녀를 위해서 쓴 경전을 날마다 독송하고 발원한다면, 읽기에도 좋을 뿐만 아니라 경전과 쉽게 친해질 수 있을 것이라는 생각에서입니다. 이렇게 소중히 사경한 경전을 본인이 직접 독송하거나 자녀를 비롯한 다른 사람들에게 선물이나 유품으로 주어 독송하게 한다면 그 공덕 또한 헤아릴 수 없이 많다고 합니다.

 이런 까닭에 제일 먼저 270자字의 가장 짧은 경문이면서도 팔만대장경의 진수를 압축하고 있는 『반야심경』을 독송용 사경책으로 출판하게 되었습니다. 그래서 불도를 구하려고 발심했다면 반야심경을 100번은 써야 할 것입니다. 그것이 어렵다면 최소 10번이라도, 너무 바쁘다면 적어도 3번 이상은 사경을 해야 하리라 생각됩니다. 앞으로 몇 가지 경전들을 더 출간하게 될지는 알 수 없지만, 우선 불자들에게 제일 잘 알려진 경전을 통하여 '참회'와 '발원'을 상징하는 두 번의 사경으로 나와 남이 없이 모두 성불하기를 기원합니다.

불기 2552년 부처님 오신날을 맞이하여

남산 관음암에서 혜조 합장

반야심경 사경 **참회편**

"사바세계 ○○○에 거주하는 ○○○는

이 세상이나 지난 세상 한량없는 겁 동안에

몸과 입과 생각으로 지은 나쁜 업을

시방의 현재 계시는 부처님들께 참회하오니,

모두 소멸케 하여 주시고

다시는 짓지 않도록 보살펴 주소서!

그리고 이 참회 공덕이 일체 중생들에게 미치어

죄업이 소멸됨과 동시에 복과 지혜가 늘어나

다함께 부처님의 청정지淸淨智를 이루어지이다!"

나무마하반야바라밀

마	하	반	야	바	라	밀	다	심	경
摩	訶	般	若	波	羅	蜜	多	心	經
갈 마	꾸짖을 가(하)	돌 반	같을 약(야)	물결 파(바)	새그물 라	꿀 밀	많을 다	마음 심	경 경

관	자	재	보	살		행	심	반	야
觀	自	在	菩	薩		行	深	般	若
볼 관	스스로 자	있을 재	보리 보	보살 살		행할 행	깊을 심	돌 반	같을 약(야)

바	라	밀	다	시		조	견	오	온
波	羅	蜜	多	時		照	見	五	蘊
물결 파(바)	새그물 라	꿀 밀	많을 다	때 시		비출 조	볼 견	다섯 오	쌓을 온

개	공		도	일	체	고	액		사
皆	空		度	一	切	苦	厄		舍
다 개	빌 공		제도할 도	한 일	온통 체	쓸 고	액 액		집 사

리	자		색	불	이	공		공	불
利	子		色	不	異	空		空	不
날카로울 리	아들 자		빛 색	아닐 불	다를 이	빌 공		빌 공	아닐 불

〈마하반야바라밀다심경〉

관자재보살이 깊은 반야바라밀다를 행할 때에,
몸과 마음이 전부 공함을 비추어보고 모든 괴로움과 액란에서 벗어났느니라.
사리자여! 이를테면 물질은 공과 다르지 않고 공은 물질과 다르지 않느니라.

이	색		색	즉	시	공		공	즉
異	色		色	卽	是	空		空	卽
다를 이	빛 색		빛 색	곧 즉	이 시	빌 공		빌 공	곧 즉

시	색		수	상	행	식		역	부
是	色		受	想	行	識		亦	復
이 시	빛 색		받을 수	생각할 상	행할 행	알 식		또 역	다시 부

여	시		사	리	자		시	제	법
如	是		舍	利	子		是	諸	法
같을 여	이 시		집 사	날카로울 리	아들 자		이 시	모든 제	법 법

공	상		불	생	불	멸		불	구
空	相		不	生	不	滅		不	垢
빌 공	모양 상		아닐 불	날 생	아닐 불	멸망할 멸		아닐 불	때 구

부	정		부	증	불	감		시	고
不	淨		不	增	不	減		是	故
아닐 부	깨끗할 정		아닐 부	불을 증	아닐 불	덜 감		이 시	연고 고

따라서 물질이 곧 공이며 공이 곧 물질이니라.
또한 느낌과 생각과 지어감과 인식도 역시 공이니라.
사리자여! 이 모든 법의 공한 모습은 생기지도 않고 사라지지도 않으며,
더럽지도 않고 깨끗하지도 않을 뿐만 아니라, 늘어나지도 않고 줄어들지도 않느니라. 그러므로

공	중	무	색		무	수	상	행	식
空	中	無	色		無	受	想	行	識
빌 공	가운데 중	없을 무	빛 색		없을 무	받을 수	생각할 상	행할 행	알 식

무	안	이	비	설	신	의		무	색
無	眼	耳	鼻	舌	身	意		無	色
없을 무	눈 안	귀 이	코 비	혀 설	몸 신	뜻 의		없을 무	빛 색

성	향	미	촉	법		무	안	계
聲	香	味	觸	法		無	眼	界
소리 성	향기 향	맛 미	닿을 촉	법 법		없을 무	눈 안	지경 계

내	지		무	의	식	계		무	무
乃	至		無	意	識	界		無	無
이에 내	이를 지		없을 무	뜻 의	알 식	지경 계		없을 무	없을 무

명		역	무	무	명	진		내	지
明		亦	無	無	明	盡		乃	至
밝을 명		또 역	없을 무	없을 무	밝을 명	다할 진		이에 내	이를 지

공 가운데에는 물질도 없고 느낌과 생각과 지어감과 인식도 없으며,
눈과 귀와 코와 혀와 몸과 뜻도 없고, 형상과 소리와 냄새와 맛과 접촉과 법도 없느니라.
안식경계부터 의식경계의 육식경계가 모두 없고,
무명도 없으며 무명이 다함도 없는 데다가,

무	노	사		역	무	노	사	진	
無	老	死		亦	無	老	死	盡	
없을 무	늙을 노	죽을 사		또 역	없을 무	늙을 노	죽을 사	다할 진	

무	고	집	멸	도		무	지	역	무
無	苦	集	滅	道		無	智	亦	無
없을 무	쓸 고	모일 집	멸망할 멸	길 도		없을 무	슬기 지	또 역	없을 무

득		이	무	소	득	고		보	리
得		以	無	所	得	故		菩	提
얻을 득		써 이	없을 무	바 소	얻을 득	연고 고		보리 보	끌 제(리)

살	타		의	반	야	바	라	밀	다
薩	埵		依	般	若	波	羅	蜜	多
보살 살	언덕 타		의지할 의	돌 반	같을 약(야)	물결 파(바)	새그물 라	꿀 밀	많을 다

고	심	무	가	애		무	가	애	고
故	心	無	罣	碍		無	罣	碍	故
연고 고	마음 심	없을 무	걸릴 괘(가)	거리낄 애		없을 무	걸릴 괘(가)	거리낄 애	연고 고

늙고 죽음도 없을 뿐 아니라 늙고 죽음이 다함도 애초에 없느니라.
그래서 고통이나 고통의 원인도 없고 고통의 소멸이나 고통의 소멸로 나아가는 길도 없느니라.
또 지혜도 없으며 얻을 바도 없느니라.
얻을 바가 없으므로 보살은 반야바라밀다를 의지해서 마음에 걸림이 없느니라. 걸림이 없으므로

무	유	공	포		원	리	전	도	몽
無	有	恐	怖		遠	離	顚	倒	夢
없을 무	있을 유	두려울 공	두려워할 포		멀 원	떼놓을 리	넘어질 전	넘어질 도	꿈 몽

상		구	경	열	반		삼	세	제
想		究	竟	涅	槃		三	世	諸
생각할 상		궁구할 구	다할 경	개흙 열	쟁반 반		석 삼	세상 세	모든 제

불		의	반	야	바	라	밀	다	
佛		依	般	若	波	羅	蜜	多	
부처 불		의지할 의	돌 반	같을 약(야)	물결 파(바)	새그물 라	꿀 밀	많을 다	

고	득	아	뇩	다	라	삼	먁	삼	보
故	得	阿	耨	多	羅	三	藐	三	菩
연고 고	얻을 득	언덕 아	김맬 누(뇩)	많을 다	새그물 라	석 삼	아득할 막(먁)	석 삼	보리 보

리		고	지	반	야	바	라	밀	다
提		故	知	般	若	波	羅	蜜	多
끝 제(리)		연고 고	알 지	돌 반	같을 약(야)	물결 파(바)	새그물 라	꿀 밀	많을 다

두려움이 없게 되며, 잘못된 망상을 멀리 떠나 마침내 열반에 이르는 것이니라.
이처럼 과거 · 현재 · 미래의 삼세 모든 부처님들도 반야바라밀다를 의지하여,
가장 높고 바른 깨달음인 아뇩다라삼먁삼보리를 얻으셨느니라.
그러므로 반야바라밀다는

시	대	신	주		시	대	명	주	
是	大	神	呪		是	大	明	呪	
이 시	큰 대	귀신 신	주문 주		이 시	큰 대	밝을 명	주문 주	

시	무	상	주		시	무	등	등	주
是	無	上	呪		是	無	等	等	呪
이 시	없을 무	위 상	주문 주		이 시	없을 무	가지런할 등	가지런할 등	주문 주

능	제	일	체	고		진	실	불	허
能	除	一	切	苦		眞	實	不	虛
능할 능	제거할 제	한 일	온통 체	쓸 고		참 진	열매 실	아닐 불	빌 허

고	설	반	야	바	라	밀	다	주	
故	說	般	若	波	羅	蜜	多	呪	
연고 고	말씀 설	돌 반	같을 약(야)	물결 파(바)	새그물 라	꿀 밀	많을 다	주문 주	

즉	설	주	왈		아	제	아	제	
卽	說	呪	曰		揭	諦	揭	諦	
곧 즉	말씀 설	주문 주	가로 왈		들 게(아)	살필 체(제)	들 게(아)	살필 체(제)	

크게 신비한 주문이며, 크게 밝은 주문이고,
가장 높은 주문이며, 비길 바 없이 뛰어난 주문임을 명심해야 하느니라.
다시 말해 일체 괴로움을 없애주고 진실하여 헛되지 않으니,
곧 반야바라밀다의 주문을 말하노라.

바	라	아	제		바	라	승	아	제
波	羅	揭	諦		波	羅	僧	揭	諦
물결 파(바)	새그물 라	들 게(아)	살필 체(제)		물결 파(바)	새그물 라	중 승	들 게(아)	살필 체(제)

모	지		사	바	하		아	제	아
菩	提		娑	婆	訶		揭	諦	揭
보리 보(모)	끝 제(지)		춤출 사	할미 파(바)	꾸짖을 가(하)		들 게(아)	살필 체(제)	들 게(아)

제		바	라	아	제		바	라	승
諦		波	羅	揭	諦		波	羅	僧
살필 체(제)		물결 파(바)	새그물 라	들 게(아)	살필 체(제)		물결 파(바)	새그물 라	중 승

아	제		모	지		사	바	하	
揭	諦		菩	提		娑	婆	訶	
들 게(아)	살필 체(제)		보리 보(모)	끝 제(지)		춤출 사	할미 파(바)	꾸짖을 가(하)	

아	제	아	제		바	라	아	제	
揭	諦	揭	諦		波	羅	揭	諦	
들 게(아)	살필 체(제)	들 게(아)	살필 체(제)		물결 파(바)	새그물 라	들 게(아)	살필 체(제)	

··· 아제아제 바라아제 바라승아제 모지 사바하
··· 아제아제 바라아제 바라승아제 모지 사바하
··· 아제아제 바라아제 바라승아제 모지 사바하

바	라	승	아	제		모	지		사
波	羅	僧	揭	諦		菩	提		娑
물결 파(바)	새그물 라	중 승	들 게(아)	살필 체(제)		보리 보(모)	끌 제(지)		춤출 사

바	하								
婆	訶								
할미 파(바)	꾸짖을 가(하)								

※ 반야: 사물의 진실한 모습諸法實相, 곧 모든 존재의 참된 모습이 공空임을 밝게 깨달은 지혜를 말함.

※ 오온: 중생의 몸과 마음을 구성하는 다섯 가지 요소(색·수·상·행·식)를 가리킴.

반야심경 사경 **발원편**

"사바세계 ○○○에 거주하는 ○○○는
깨달음을 얻을 때까지 부처님과 불법과 승가에
귀의합니다.
제가 부처님의 가르침을 읽고 써서 쌓은 공덕으로
모든 중생을 돕기 위해 성불하기를 원합니다.
이 사경 공덕으로 일체 중생들의 번뇌가 사라져서
병고와 가난과 전쟁과 시기·질투를 비롯한 교만함
그리고 온갖 삼재팔난에서 모두 해탈하여지이다.
간절히 원하오니 중생들의 지혜와 복덕이
날로 증장되어
마침내 다함께 성불成佛하여지이다!"
나무마하반야바라밀

마	하	반	야	바	라	밀	다	심	경
摩	訶	般	若	波	羅	蜜	多	心	經
갈 마	꾸짖을 가(하)	돌 반	같을 약(야)	물결 파(바)	새그물 라	꿀 밀	많을 다	마음 심	경 경

관	자	재	보	살		행	심	반	야
觀	自	在	菩	薩		行	深	般	若
볼 관	스스로 자	있을 재	보리 보	보살 살		행할 행	깊을 심	돌 반	같을 약(야)

바	라	밀	다	시		조	견	오	온
波	羅	蜜	多	時		照	見	五	蘊
물결 파(바)	새그물 라	꿀 밀	많을 다	때 시		비출 조	볼 견	다섯 오	쌓을 온

개	공		도	일	체	고	액		사
皆	空		度	一	切	苦	厄		舍
다 개	빌 공		제도할 도	한 일	온통 체	쓸 고	액 액		집 사

리	자		색	불	이	공		공	불
利	子		色	不	異	空		空	不
날카로울 리	아들 자		빛 색	아닐 불	다를 이	빌 공		빌 공	아닐 불

〈마하반야바라밀다심경〉

관자재보살이 깊은 반야바라밀다를 행할 때에,
몸과 마음이 전부 공함을 비추어보고 모든 괴로움과 액란에서 벗어났느니라.
사리자여! 이를테면 형상과 공은 다르지 않고 공은 형상과 다르지 않느니라.

이	색		색	즉	시	공		공	즉
異	色		色	卽	是	空		空	卽
다를 이	빛 색		빛 색	곧 즉	이 시	빌 공		빌 공	곧 즉

시	색		수	상	행	식		역	부
是	色		受	想	行	識		亦	復
이 시	빛 색		받을 수	생각할 상	행할 행	알 식		또 역	다시 부

여	시		사	리	자		시	제	법
如	是		舍	利	子		是	諸	法
같을 여	이 시		집 사	날카로울 리	아들 자		이 시	모든 제	법 법

공	상		불	생	불	멸		불	구
空	相		不	生	不	滅		不	垢
빌 공	모양 상		아닐 불	날 생	아닐 불	멸망할 멸		아닐 불	때 구

부	정		부	증	불	감		시	고
不	淨		不	增	不	減		是	故
아닐 부	깨끗할 정		아닐 부	불을 증	아닐 불	덜 감		이 시	연고 고

> 따라서 형상이 곧 공이며 공이 곧 형상이니라.
> 또한 느낌과 생각과 지어감과 인식도 역시 공이니라.
> 사리자여! 이 모든 법의 공한 모습은 생기지도 않고 사라지지도 않으며,
> 더럽지도 않고 깨끗하지도 않을 뿐만 아니라, 늘어나지도 않고 줄어들지도 않느니라. 그러므로

공	중	무	색		무	수	상	행	식
空	中	無	色		無	受	想	行	識
빌 공	가운데 중	없을 무	빛 색		없을 무	받을 수	생각할 상	행할 행	알 식

무	안	이	비	설	신	의		무	색
無	眼	耳	鼻	舌	身	意		無	色
없을 무	눈 안	귀 이	코 비	혀 설	몸 신	뜻 의		없을 무	빛 색

성	향	미	촉	법		무	안	계	
聲	香	味	觸	法		無	眼	界	
소리 성	향기 향	맛 미	닿을 촉	법 법		없을 무	눈 안	지경 계	

내	지		무	의	식	계		무	무
乃	至		無	意	識	界		無	無
이에 내	이를 지		없을 무	뜻 의	알 식	지경 계		없을 무	없을 무

명		역	무	무	명	진		내	지
明		亦	無	無	明	盡		乃	至
밝을 명		또 역	없을 무	없을 무	밝을 명	다할 진		이에 내	이를 지

공 가운데에는 형상도 없고 느낌과 생각과 지어감과 인식도 없으며,
눈과 귀와 코와 혀와 몸과 뜻도 없고, 형상과 소리와 냄새와 맛과 접촉과 법도 없느니라.
안식경계부터 의식경계의 육식경계가 모두 없고,
무명도 없으며 무명이 다함도 없는 데다가,

무	노	사		역	무	노	사	진	
無	老	死		亦	無	老	死	盡	
없을 무	늙을 노	죽을 사		또 역	없을 무	늙을 노	죽을 사	다할 진	

무	고	집	멸	도		무	지	역	무
無	苦	集	滅	道		無	智	亦	無
없을 무	쓸 고	모일 집	멸망할 멸	길 도		없을 무	슬기 지	또 역	없을 무

득		이	무	소	득	고		보	리
得		以	無	所	得	故		菩	提
얻을 득		써 이	없을 무	바 소	얻을 득	연고 고		보리 보	끝 제(리)

살	타		의	반	야	바	라	밀	다
薩	埵		依	般	若	波	羅	蜜	多
보살 살	언덕 타		의지할 의	돌 반	같을 약(야)	물결 파(바)	새그물 라	꿀 밀	많을 다

고	심	무	가	애		무	가	애	고
故	心	無	罣	碍		無	罣	碍	故
연고 고	마음 심	없을 무	걸릴 괘(가)	거리낄 애		없을 무	걸릴 괘(가)	거리낄 애	연고 고

늙고 죽음도 없을 뿐 아니라 늙고 죽음이 다함도 애초에 없느니라.
그래서 고통이나 고통의 원인도 없고 고통의 소멸이나 고통의 소멸로 나아가는 길도 없느니라.
또 지혜도 없으며 얻을 바도 없느니라.
얻을 바가 없으므로 보살은 반야바라밀다를 의지해서 마음에 걸림이 없느니라. 걸림이 없으므로

19

무	유	공	포		원	리	전	도	몽
無	有	恐	怖		遠	離	顛	倒	夢
없을 무	있을 유	두려울 공	두려워할 포		멀 원	떼놓을 리	넘어질 전	넘어질 도	꿈 몽

상		구	경	열	반		삼	세	제
想		究	竟	涅	槃		三	世	諸
생각할 상		궁구할 구	다할 경	개흙 열	쟁반 반		석 삼	세상 세	모든 제

불		의	반	야	바	라	밀	다	
佛		依	般	若	波	羅	蜜	多	
부처 불		의지할 의	돌 반	같을 약(야)	물결 파(바)	새그물 라	꿀 밀	많을 다	

고	득	아	뇩	다	라	삼	먁	삼	보
故	得	阿	耨	多	羅	三	藐	三	菩
연고 고	얼을 득	언덕 아	김맬 누(뇩)	많을 다	새그물 라	석 삼	아득할 막(먁)	석 삼	보리 보

리		고	지	반	야	바	라	밀	다
提		故	知	般	若	波	羅	蜜	多
끌 제(리)		연고 고	알 지	돌 반	같을 약(야)	물결 파(바)	새그물 라	꿀 밀	많을 다

두려움이 없게 되며, 잘못된 망상을 멀리 떠나 마침내 열반에 이르는 것이니라.
이처럼 과거·현재·미래의 삼세 모든 부처님들도 반야바라밀다를 의지하여,
가장 높고 바른 깨달음인 아뇩다라삼먁삼보리를 얻으셨느니라.
그러므로 반야바라밀다는

시	대	신	주		시	대	명	주	
是	大	神	呪		是	大	明	呪	
이 시	큰 대	귀신 신	주문 주		이 시	큰 대	밝을 명	주문 주	

시	무	상	주		시	무	등	등	주
是	無	上	呪		是	無	等	等	呪
이 시	없을 무	위 상	주문 주		이 시	없을 무	가지런할 등	가지런할 등	주문 주

능	제	일	체	고	진	실	불	허
能	除	一	切	苦	眞	實	不	虛
능할 능	제거할 제	한 일	온통 체	쓸 고	참 진	열매 실	아닐 불	빌 허

고	설	반	야	바	라	밀	다	주
故	說	般	若	波	羅	蜜	多	呪
연고 고	말씀 설	돌 반	같을 약(야)	물결 파(바)	새그물 라	꿀 밀	많을 다	주문 주

즉	설	주	왈		아	제	아	제
卽	說	呪	曰		揭	諦	揭	諦
곧 즉	말씀 설	주문 주	가로 왈		들 게(아)	살필 체(제)	들 게(아)	살필 체(제)

크게 신비한 주문이며, 크게 밝은 주문이고,
가장 높은 주문이며, 비길 바 없이 뛰어난 주문임을 명심해야 하느니라.
다시 말해 일체 괴로움을 없애주고 진실하여 헛되지 않으니,
곧 반야바라밀다의 주문을 말하노라.

바	라	아	제		바	라	승	아	제
波	羅	揭	諦		波	羅	僧	揭	諦
물결 파(바)	새그물 라	들 게(아)	살필 체(제)		물결 파(바)	새그물 라	중 승	들 게(아)	살필 체(제)

모	지		사	바	하		아	제	아
菩	提		娑	婆	訶		揭	諦	揭
보리 보(모)	끝 제(지)		춤출 사	할미 파(바)	꾸짖을 가(하)		들 게(아)	살필 체(제)	들 게(아)

제		바	라	아	제		바	라	승
諦		波	羅	揭	諦		波	羅	僧
살필 체(제)		물결 파(바)	새그물 라	들 게(아)	살필 체(제)		물결 파(바)	새그물 라	중 승

아	제		모	지		사	바	하
揭	諦		菩	提		娑	婆	訶
들 게(아)	살필 체(제)		보리 보(모)	끝 제(지)		춤출 사	할미 파(바)	꾸짖을 가(하)

아	제	아	제		바	라	아	제
揭	諦	揭	諦		波	羅	揭	諦
들 게(아)	살필 체(제)	들 게(아)	살필 체(제)		물결 파(바)	새그물 라	들 게(아)	살필 체(제)

> … 아제아제 바라아제 바라승아제 모지 사바하
> … 아제아제 바라아제 바라승아제 모지 사바하
> … 아제아제 바라아제 바라승아제 모지 사바하

바	라	승	아	제		모	지		사
波	羅	僧	揭	諦		菩	提		娑
물결 파(바)	새그물 라	중 승	들 게(아)	살필 체(제)		보리 보(모)	끌 제(지)		춤출 사

바	하								
婆	訶								
할미 파(바)	꾸짖을 가(하)								

※ 반야: 사물의 진실한 모습諸法實相, 곧 모든 존재의 참된 모습이 공空임을 밝게 깨달은 지혜를 말함.
※ 오온: 중생의 몸과 마음을 구성하는 다섯 가지 요소(색·수·상·행·식)를 가리킴.

혜조惠照 스님

공주사대 독어과 졸업 후 출가.

봉녕사 강원 졸업.

동국대학교 대학원 박사과정 수료.

대한불교조계종 총무원 문화국장 역임.

저서 및 논문으로『우리말 법화삼부경』,

『우리말 법화경 사경』(전5권),『행복을 부르는 법화경 사경』(전7권),

『운명을 바꾸는 법화경 사경』(전7권),『독송용 우리말 법화경』,

『너를 위해 밝혀둔 작은 램프 하나』(시집),『엉겅퀴 붉은 향』(시집),

「연기법에 의한 공사상과 중도론 연구」(논문) 등이 있다.

독송용 반야심경 사경

초판 1쇄 발행 2008년 5월 2일 | 초판 7쇄 발행 2021년 11월 1일

편역 혜조 | 펴낸이 김시열

펴낸곳 도서출판 운주사

    (02832) 서울시 성북구 동소문로 67-1번지 성심빌딩 3층

    전화 (02) 926-8361 | 팩스 (0505) 115-8361

ISBN 978-89-5746-209-6 03220   값 2,000원

http://cafe.daum.net/unjubooks (다음 카페: 도서출판 운주사)